다시 꽃피울 준비

김문자 시집

시와사람

다시 꽃피울 준비

서문

제 주변과 나누는 이야기들

행복은 가까이서 찾아라. 저를 이 자리까지 손잡아준 좌우명입니다. 저는 세 아이의 엄마였고 여성 가장으로 살아왔습니다. 제 아이들은 잘 장성했고 제 빛깔과 향기로 예쁘게 꽃피우고 있습니다. 지난 이야기는 접어 두고요, 제 인생 후반기를 어떻게 지낼까를 고민했습니다.

디지털 시대가 왔습니다. 저는 저 자신을 갈고 닦으며 지금에 이르렀고 시인이 되었습니다. "한국예술인복지재단" 창작지원금 수혜자로 선정되어 제 창작 활동에도 도움이 되고 있습니다.

제 시는 제 곁에서 더불어 살고 있는 나무와 새, 화분의 꽃…. 이런 것들과 나누는 이야기가 많습니다. 그리고 우리에게 먹을거리를 제공하는 농부, 어부에게 그리고 언제나 나를 응원해 주는우리 아이들에게 감사기도를 드리면서 하루하루가 갑니다.

몸이 아파도 나를 일으켜 세울 나의 시여,
내가 죽는 날까지, 내 무덤까지도 함께 할
나를 사랑하는 시여, 내가 사랑하는 시여,
여든 넘은 나이에도 사랑할 수 있는 일이 있어 행복하다.

시를 만나면서부터 저는 더욱 행복했고 감사할 일이 많아졌습니다. 돌이켜 보면 시와 함께 한 십여 년이라는 세월에 귀한 문우들이 있었기에, 지금의 제가 존재한다고 생각합니다.

곁에 시가 있어서 저는 외롭지 않습니다. 자연에게, 물에게, 흙에게 감사드리고 끝으로 바쁘신 데도 제 시의 평설을 쾌히 승낙해주신 김종 교수님께 감사드립니다.

2024. 5월 꽃비 내리는 날에,
김문자 삼가 씀

1부 오월의 숲

2부 거미 인간

3부 꿈이여, 다시 한번

4부 청매실

5부 가을 꽃

| 작품론 |

다시 꽃피울 준비

제1부

오월의 숲

엄마의 향기

박하 향 그윽한
장독대에서
장 항아리 윤기 나게
닦고 계시던
박꽃처럼 아리게 곱던
울 엄마,

그 땀에 젖은 등덜미,
음식 냄새 밴
행주치마의 쿼쿼한 체취
아! 엄마의 향기가 그립습니다.

눈감으면 보이는 것들

마당에 모깃불 피워 놓고
푸른 달빛 아래 멍석에 모여앉아
봉숭아 꽃물 손톱에 들이면서
구르몽의 시가 좋다던 울 언니, 사촌 언니들,

시몬! 너는 좋으냐 낙엽 밟는 소리가*

수제비처럼 쫄깃하게 한 가락 뽑고
언니들 깔깔거리는 소리,

소리 아득히 들려오는 이 밤
그 풍경이 그리워 눈을 감아 봅니다.

*구르몽의 시, 「낙엽」 부문

바람의 손

화분의 꽃들이 얼굴이 벌겋게
열이 올라
창문을 열어 놓았다

절정에 서기 위해 몸살을 앓는 꽃

봄비에 젖은 산들바람이
온다는 기별도 없이 찾아와서
꽃나무 이마에 손을 얹어 보고
등을 쓸어주는
바람의 예쁜 손!

입춘

봄의 체온이
아직 느껴지지 않은데,
봄이 왔다고 소문만 무성하다

양지쪽 찾아와
손 호호 불며 수런거리는
저 어린 매화꽃
에취!
에취!
재채기하고 있다

저러다 감기 걸리겠다.
그러게 엄마 말을 들어야지
철딱서니 없는 것들!

따뜻한 마음

내 시집을 받아 본 독자께서
선물을 보내 주셨다

내 인생의 꽃이 지려는지
시름시름 앓고 있는데 가슴이 따뜻한
어느 독자께서 보내주신 선물
상큼한 딸기 라떼,
고소한 초코릿파이

이젠 꽃도 피울 수 없는
버석거리는 낙엽 같은 몸에
상큼한 향기로 봄을 심었습니다.

오월의 숲

오월이 오면
뻐꾹새 울음소리에 숲이 푸르다.

숲을 깨우려고
어등산에서 뻐꾸기는
그토록 우렁차게 울었던가
온 마을이 쩌렁쩌렁 울리던 '뻐꾹' 소리
언제부턴가 들리지 않네
숲도 새들도 귀 쫑긋 세우고 기다리는데,

언젠가 다시 돌아와 뻐꾹! 뻐꾹!
노래 불러준다면
숲이 더욱 푸르러 녹음으로 우거질 텐데,

아, 가고 오지 않는 것은 모두가 그리운 것,
사랑아, 너도 가고 뻐꾹새도 떠나버린
숲길, 적막하다.

덤

우리 동네 도롯가에는
주말이면 철새처럼 상인들이 몰려와
장이 연다

과일 주인은 밀감을 내밀며
맛있다고 꼬드기고
먹어보면 사게 되더라

할매들이 텃밭에서 자식처럼 키운
상추, 고추, 쪽파, 열무, 깻잎 등등
새벽이슬 머금은
저 눈 맑은 어린 푸성귀들
돗자리에 앉아서 나를 보며 웃는다

그래 내 거하자
누이 좋고 매부 좋고, 덤은 기본!

가족

앵무 부부는 나 들으라고
목청껏 노래 불러주고
주인처럼 행운목이 거실에 버티고 서서
나의 일거일동을 주시하고 있다

잊지 않고
감사 기도를 드리고 있는지,
약은 잘 챙겨 먹는지,

화분의 꽃은 사시절 싱글벙글 웃으며
늘 웃고 살라고 가르치고
언제나 나를 응원해 주는 내 아이들,
나무로 꽃으로 여기 서 있다.

꽃밭

글터, 그곳은 시의 꽃밭이다
시와 사귀고 싶은 사람들이 모여
시가 장미 한 송이 들고 찾아와 주기를
간절히 기다리고 있다

나도 그 꽃밭에서
꿈을 키웠다

그 꽃밭 가는 길
천변 교각 아래
차랑차랑 시를 외우며 흐르는 물소리
시를 물고 헤엄치는
물오리, 백로를 보면서
나는 시를 낚는 시인이 되기로 했었다.

까치밥

꽃만 피어놓고 봄은 가고,
여름이 왔다
꽃자리에 앉은 오종종한 어린 것들
햇살이 어루만져 키웠다

산수유, 산딸기, 머루, 매실, 무화과
물기 젖은 상큼한 이쁜 그녀들
시집갈 준비 한창이다

그녀들 만나러 가는 까치 오빠
머리에 무스 바르고
까르륵, 까르륵 휘파람을 불며 간다

향긋한 향기에 취해 까치 오빠는 황홀하다

그러나 깊은 산골짝 그 겨울,
매서운 추위와 허기를 견디게 해 준
볼이 곱던 그녀, 홍시를 잊을 수 없다.

강낭콩

호피 무늬 문신을 한
쌍둥이 오 형제가 나란히
요람에 누워 있다

벌레 한 마리가 문을 열고
들어오려다 말고 그냥 간다

바람도 발뒤꿈치 들고
조용히 지나간다.

흐린 날의 명상

하늘이 금방이라도 울 것 같아요

꽃님아, 연두야,
너희 기분은 어때?
노래 부르기 싫어, 졸려요!

오, 그렇구나,
기다려!
양태환 멋진 기타연주 들려줄게,
테스 형, 고향역, 꽃마차, 둥지, 열정
와! 신나요, 삐오, 삐오, 삐오, 삐삐삐!

나의 애완조, 둘의 대화는
우주 어느 행성의 암호 같은 언어지만
목소리, 몸짓, 눈빛을 보고
나는 해독할 수 있어요.

가로수

팔이 너무 저려요
잘못도 없는데 벌서고 있다고
애처로운 눈으로 바라보지 마세요

오늘은 민들레 보드라운 손이
부은 발등을 만져 주네요

푸른 잎 무성하게 피우고
그늘을 내어줄게요
땡볕 아래 당신은 땀을 닦으며 쉬어가세요

우리는 그 무엇도 방해받지 않은
가로수로 살고 싶어요.

'현수막'이 싫어요,

2부

거미 인간

봄바람

봄이 온 걸 알고
나무들은 기지개를 켜며 겨울 잠에서 깨어난다

바람이 분다
에취 에취, 쿨럭이며 몸살을 앓아야
꽃눈이 트이고 꽃이 핀다

그러나 봄바람은 꽃을 시샘하는 게 아니니다
아직 철없는 어린 것들
햇살 따스할 때 천천히 나와 꽃피우라고
너무 일찍 나와서 떨지 말라고 단속하는 바람이다

그런 바람의 마음도 읽을 줄 모르고
꽃을 시샘하는 바람이라고
나는 봄바람을 미워했었네.

왕소나무

공원에서 나를 기다리는 사내가 있다
우람한 근육질 멋진 사내
나는 그에게로 가서 말없이 안아본다

체온이 참 따뜻하다
언제나 그 자리에 서서
나를 기다리는 그 사내, 왕소나무

그 몸에서 뿜어져 나오는
송진 향과 피톤치드가 내 몸을 통과하여
내 안의 세포를 춤추게 한다

하늘은 푸르고 바람은 시원하고
평화롭고 아늑하다
너는 나의 의인義人
네가 가까이 있어 행복하다.

젊은 날의 푸른 추억

우리의 푸른 계절은
속절없이 흘러가고 가을이 오네
벗들이여,
곱게 물들어 떨어지는 나뭇잎처럼
우리도 가진 것 하나, 둘
내려놓으면서 예쁘게 익어가면 좋겠네

함께했던
'젊은 날의 푸른 추억'
이제 곱게 접어 간직해야겠네
그리울 때 꺼내 보면서 추억을 회상하리라

정든 문우들이여

오월의 숲처럼 푸르게 살아나서
한 사람도 빠짐없이 우리 자주 만나면 좋겠네
시의 꽃밭 글터에서.

거미 인간

건물 외벽을 기며
균열이 생긴 틈을 메우는 사내가
거미처럼 내려오고 있었다

틈이 생긴 곳 조목조목 진단하며
기계처럼 움직이는 공구들
실리콘 접착제
그가 믿고 의지하는 가족 같은 존재다

쏟아지는 햇살 온몸으로 받아내며
긴장의 족쇄가 가슴 조여도
밧줄이 가족의 밥 줄이기에, 두려움이야
견딜 수 있다고
동여맨 밧줄에 힘을 준다, 절망하지 않는다

위험 구간에서 벗어난
거미 인간
땀이 흠뻑 젖은 얼굴에 밝은 미소가 환하다
가족의 밥숟가락 소리 속에
웃음꽃이 피어날 저녁이 오고 있었다.

*광주광역시 문인협회 인터넷 시민백일장 대상 수상작

배롱나무

예쁘게 키운 꽃들 떠나고
우울증에 걸린 그녀가 자주 푸념을 한다

내가 미쳤지
예쁘다, 예쁘다는 그 말이 듣기 좋아서
땡볕 아래서 꽃만 피우며 욕심을 부렸으니
내 몸이 성한 곳이 없다

이제 나도 갱년기가 왔나 보다

손마디부터 발목 관절까지
저리고 아프다고
눈가에 잔주름이 자글자글한 그녀가
긴 한숨을 쉬며 푸념을 늘어놓는다.

태풍

"힌남노"가 긴 머리 풀어헤치고 검은
망토 자락을 펄럭이며
미친 듯이
한반도를 향해 달려오고 있었다

검은 낯빛의 구름이
수런거리며 몰려다니고
새들도 둥지에 들어 나뭇가지가 흔들릴 때마다
어린 것들을 껴안는다

가로수도 가로등도 전신주도 건물도
유리창도 안테나도 간판도 풀도 개미도 긴장되어
얼굴빛이 어둡다

잠긴 유리문을 부수고
놈이 덮칠지도 모른다는 생각에
나도, 선잠으로 밤을, 지새면서.

*힌남노: 제19호 태풍

은행 열매

어린 은행 열매
온몸에 상처를 입고 바닥에 쓰러져 있네
아직 보낼 때가 아닌데
어쩌지 못하고
애처롭게 바라보며 은행나무가 울고 있네

태풍이 밟고 간 발자국마다
패인 상처
입김을 호호 불어주며
햇살이 어루만져 주고 있네.

늙은 호박

어린 새순이 날마다 햇살을 받아마시며
제 몸보다 몇백 배 잎을 키우더니
햇살이 물든 노란 꽃이 피었어요

꽃은 날마다 해를 바라보며
아이를 원했어요
꽃은 시들고 꽃자리에 앉은 아기 호박
큰 잎들이 비바람 날벌레를 막아주며
강보 같은 잎을 펼쳐 햇살을 받아서
아기 호박 입안에 넣어 주었어요

해가 키운 호박, 해의 DNA 로 꽉 차
연한 속살까지 금빛입니다
꽃이며 잎 다 내어주고,
이제는 부거워신 몸 뿐이어요 그러나
가슴 깊이 숨겨둔 나의 분신 같은 것들
함부로 버리지 마세요.

공중전화

바람만 드나드는 바람의 집
벽에 걸어놓은 호미처럼 전화통에 걸려 있는
공중전화기
왠지 궁금하여 전화기를 귀에 대본다

그대 음성 들리지 않고
우주 어느 외계인 같은 삐 삐 소리만 울린다
차례를 기다리며 줄 서던
서로 안부를 묻고 그리운 목소리에 울컥하던
공중전화,

봄이 오면 근처 화단에서 바람이, 매화 꽃잎 몇 장
날려 보내주기도 하고, 여름이면
등꽃 향기 지고와 부려놓기도 한다

바쁘게 살던 때와 달리 방울새 소리가 서글프다
가끔 길고양이 밥을 챙겨 오는
마음이 예쁜 여자가 부스 안에 밥을 두고 간다

배불리 먹고 낮잠 든 길양이 코 고는 소리
하품하며 바라보다가 전화통의 숫자처럼
남은 밥알을 세어보며 무료를 달래는
'공중전화기'

놀이터에서

할머니 손 잡고 마실 나온 보행기
경로당 밖에 줄 서 있습니다

유치원이 예쁜 선물 상자처럼 서 있고
어린이놀이터 사이에
공중전화 부스도 하품하며 서 있습니다

참새처럼 재재거리는 아이들
시소가 목마 태워주고, 그네도 아이들을 업고
구름을 잡으러 높이 오릅니다

할머니 두 분 표정 없는 얼굴로
등나무 아래 앉아 계십니다
아이들은 움직이는 인형 같고
할머니는 하얀 국화꽃 같습니다.

꽃씨 주머니

- 연자육

진흙 속에서
연근 어머니는 사력肆力을 다해
땅의 기운을 밀어 올려 아름답게 수련을 피운다

그러나 꽃피울 시간은 말없이
흘러가기에 서둘러 꽃 주머니를 지어
보물 같은 씨앗을 넣어 묶는다

햇살 별빛 이슬 흰 구름 실바람,
수련이 사랑했던 것 중에
연잎에 무릎 꿇고 앉아, 사랑의 세레나데를
목청껏 불러준 청개구리, 수련은 잊지못한다

찻잔 가득 우리낸
연자육 차
연자육 꽃씨 주머니에서 수련이 피어난다.

삶의 무게

골목을 두리번거리는 외로운 여인
그녀의 표정은 늘 한결 같다

검은 낯빛의 얼굴
그늘이 깔린 싸늘한 눈빛
푸른 하늘도 예쁜 꽃도 아름다운 새소리도
그녀에게 들어오지 않는다

거리마다 박스와 공병이 수북이 쌓이면 한다
리어카에 쌓인 박스의 무게가 무거울수록
삶의 무게가 가벼워진다

날마다 폐지를 수거해가면
길이 환하듯이
그녀의 삶도 꽃처럼 피어나길.

아파트 들어 올리는 나무

나무가 아파트를 들어 올린다고
어느 날 수십 년 된 힘센 나무만 제거했다
푸른 나뭇가지에 집을 짓고 새끼를 낳아
자장가를 불러주던 어미 새 보이지 않는다

그 함성 전기톱 소리만이 아니었음을
나무들 피 흘리며 쓰러져 소리소리 지르며 울었던 것을
울음 소리 감추려고 전기톱은 더 크게 소리쳤던 것을

하늘을 찌를 듯이 치솟던 메타세쿼이아
푸르게 살아온 상징 같은 나이테
생을 다 하는 날까지 기억하려고, 낙관처럼 가슴에 새겼다

놀라 미친 듯이 헤매다 돌아온 눈이 퉁퉁 부은
까치 한 마리
머리를 갸웃거리며 그루터기 위에 우두커니 서 있다
이곳에 우리 집이 있었는데.

부드러운 힘

칼 보고 놀란 그가
살려달라고 내 손을 잡는다

미안하다는 말, 용서하라는 말
입안에서 둥글게 말아 꿀꺽 삼키며
낙지의 몸을 토막 친다

토막 난 몸들이
몸부림치며 증오심 가득한 눈으로
바라보고 있었다

몸 안에서 장기를 조일 것 같은
무척추의 보드라운 힘!

할머니와 참새

벼가 멍석에서 햇살에 기대어
제 무게를 내려놓는 중이다
마루 끝에 걸쳐 논 긴 참대는 어린 참새를
겁주려는 사랑의 매

간이 좁쌀만 한 어린 것들 겁도 많지만
머리도 영리하여 포르르 포르르 왔다 갔다
할머니를 놀리고 있다

할머니는 훠이훠이 참대를 흔들다가,
화로를 당겨 담배에 불을 붙이고 담배를 피우다가
사르르 꿈속에 드신다
이때다 싶은 참새 떼 몰려와
할머니 깨시기 전에 빨리 먹고 도망치자고
서로 눈짓으로 말한다

그 참새들 날개 근육을 키우고 새끼를 낳아 번성하여
시골에서 이곳 도시 까지 왔는가?
어릴 적 본 그 참새들
추운 겨울 베란다 유리문 밖에서 서성거린다.

3부

꿈이여, 다시 한번

허리 굽은 달

초승달이 허리 구부리며
날마다 요가를 하더니 몸이 유연해지자
둥글게 말아 만월이 된다

시월 보름날 천왕봉 등 굽은 노송
뺏뺏한 어깨 딛고 사뿐히 올라와
달빛 향기 흩뿌리며 우주가 잠든 밤이면
푸른 달빛으로 별을 키운다

나의 어머니는 달이었다
아비 잃은 자식 눈물로 키운 달
허리 구부리고 은하수를 건너던 하현달처럼
오래전
요단강을 건너간 내 어머니,

어머니와 팥죽

어머니가 오십니다
하얀 눈으로 오십니다

11월 22일 동짓날이라고
새알 팥죽 한 양푼 들고
발소리도 가볍게
눈으로 오십니다

아, 어머니의 새알 팥죽.

타겟target

가로수는 긴 머리를 손질하고
도로는 산뜻하게 포장하지만
전단지의 역습을 받은
도시 얼굴이 상처투성이다

전신주, 가로등은 전단지의
타겟target 이다
부상 당한 병사처럼 전단지를 붙이고 서서
푸석한 얼굴로 서로 위로 한다

그 모습이 측은했던가
비바람이 지나가며 전단지의 빰을 후려쳤다

주인 대신 머슴이 매 맞는 격인데
변명도 못 하는 저 입이 없는 전단지,
종이로 태어난 죄 밖에 없다.

콩나물 연가

발효의 시간입니다

퉁퉁 부은 몸에 신열이 오르더니
진통이 시작되었습니다
발가락부터 나옵니다

부기가 빠진 날씬한 몸,
윤기가 흐릅니다. 햇살을 만나
하늘빛으로 꽃피우고 싶어요

차라리 잊으려고, 차광막으로 빛을 가리며
꿈속의 고향을 그려 봅니다.

그곳엔 수수 꽃대가 하늘로 오르고
이슬 머금은 보랏빛 콩꽃 가슴이 뜁니다
햇살 가득 품고 흙에서 살고 싶어요.

발자국

오래전
물웅덩이 같은 상처만 남기고
별이 된 그 사람

올백으로 빗어 넘긴 스포츠머리에
외투 깃을 세우고 걸어 온다

아, 내게 남은 그 사람 발자국.

고향 그림자

육 남매를 등에 지고 농사만 지었다는
구순 넘은 노인
지금도 눈에 선한 고향
감자꽃 수수꽃 부추꽃, 눈에 어린다

이제 그녀가 할 수 있는 일은
날마다 텔레비전 죽이기
자녀들 전화를 기다리며 기도문 외우기

어쩌다 찾아오는 이웃에게
당신 살점이라도 떼 주고 싶다던 그 말
내 가슴으로 날아와 울컥 쌓이는 건 괜찮아요

어쩌면 좋을까요,
저 하얀 할미꽃
외로움에 젖은 고독의 깊이를.

개화開花

그녀가 임산부가 되어 돌아왔다

나는 그녀의 치마를 들쳐 보며 도톰한 배를 만져 본다
다섯 쌍둥이가 오글거리고 있다

수국이 개화하는 날
금줄부터 치고, 나는 춤이라도 춰야겠다

두 해 동안 꽃을 피우지 못하고
끙끙 앓다가 가버린 수국
수국 화분을 내게 남기고 요양원 간 독거노인

별이 되어 떠났다는 소식에
수국도 너무 슬퍼 꽃피우지 못 했었나보다
이제야 맘 추스리고
다시 꽃피울 준비를 하고 있었구나

오, 내 아이 같은 꽃이여.

생일 밥

어머니는 생일날 아침이면
꽁보리에 쌀을 얹어 밥을 지었다

큰 사발에 쌀밥만 떠 고봉으로 담고
간짓대에 깃발처럼 매달아 말린
구운 생선을 뼈를 발라주면서
"아가 밥이 많으면 남겨 두고 종일 먹어라,
생일날 배불리 먹어야 평생 배곯지 않고
잘 산단다"
그 말씀 생일 축가 되어 가슴을 적시는데

홀로 된 여식 못 잊어
어느 구천을 떠돌며 눈물에 젖고 계시는지
유년 시절 챙겨주신 생일 밥심으로
달개비처럼 견뎌냈습니다

마음의 짐
내려놓으시고 천상에서 편히 쉬세요.

꿈이여 다시 한번

지난밤 꿈에 당신이 왔어요
고향 집 감나무 아래 친구와 서 있었습니다

친구가 나를 보며
얼굴이 안 좋으시다, 했어요
그러자 저 사람이 몇 차례 죽다 살아나서 그렇다네
그동안 저 사람에게 내가 너무 '무심' 했었지

풀꽃 같은 어린 것 셋 두고
눈물에 젖어 떠난 사랑아,
그립고 못 잊어
햇살로 달빛으로 찾아와 지켜보고 계셨군요

놀라 잠 깨어 그 모습 다시 보려 해도
잠도 꿈도, 사라지고
당신이 나에게 '무심無心'할 수밖에 없었던
서러운 그 말,
내 가슴에 박혀 평생 아파하겠지요

다음 꿈에는
당신이 기억하는, 예쁘지도 밉지도 않은 젊은 아내,
그 시절로 돌아가
새들이 우짖는 숲길 함께 걸어도 보고

바닷가 언덕에 어깨를 기대고 앉아
하얀 포말로 부서지는 파도를 바라보며
우리가 뿌려놓은 씨앗들이 잘 자라고 있음에
감사하면서
서로의 등을 토닥여주는 그런 만남이었음 해요,
꿈에라도 한번!

제라늄

꽃만, 꽃만 피우기에
고마워 보답이라도 하듯이
영양제며 물을 듬뿍 주었더니 과했나 보다

꺽 꺽 트림하고
가슴을 쓸어내리며 괴로워하는
제라늄

그 많은 꽃을 보내고
허전하고 쓸쓸한 그녀가
마지막 남은 싸늘하게 식어가는
꽃 한 송이를 끌어 앉고
밤이면
소리죽여 울면서.

입양

낯가림 하느라 웅크리고 있던
아이들
하루 지난 사이 어깨를 쫙 펴고
초롱초롱 한 눈으로 인사한다

백설 공주, 썬스타, 큐빅, 와플리, 핑크 프리티
홍미인, 당인, 카멜레온, 베이비 핑거!!!

큰 소리로 부르면
나의 사랑스러운 입양아들
네, 이모!

쪼르르 뛰어와 안길 것 같은, 귀여운 다육 .

나이

꽃씨 한 알
엄마라는 행성에 떨어졌어요
싹 틔우고 잎 피우더니 예쁜 꽃 한 송이
지구별로 여행 왔어요

엉덩이 맞을까 봐, 큰 소리로 울며
꽃잎 같은 발 도장 찍고,
고유번호 바코드를 설정해요

이 아름다운 지구별에서
여행 끝나는 날
저승 수문장에게 반납해야 할
꽃의 일생이 저장되어있는 비밀번호
나이.

피조개

어물전 그물망 속 피조개
이 악물고 앉아 있다
신비하게 쌓아 올린 표층表層은
죽은 산호초 뼛가루와
플랑크톤의 눈물이 응축된 슬픈 탑

고픈 배 접으며 방황하다
올가미에 걸린 어린 짐승처럼 잡혀 온
피조개
해초가 춤추던 푸른 바다,
살아서는 갈 수 없다는 걸 알고 있다

소금 물에 해감 하는 것도 싫고
냄비 안 뜨거운 물의 혓바닥이 무섭다
자살이라는 말 들은 적 있다
노란 꽃잎 같은 혀를 깨물며 눈을 감는다.

독한 자연

불덩이처럼 달아 오른 태양이
대지를 태우고 있다

한겹 한겹 옷을 벗기고
집안에서 꼼작 못하게 한다
산을 허물고 집을 허물고 아수라장을 만들어놓고
폭우는 또 어디로 사라졌나

서리꽃이 피었다 지면
잎들은 오색으로 단장하고 머~언 길을 떠난다
그러나 폭설이 내려 고운 옷자락이 젖어
바닥에 주저앉는다

그러나 목숨이 흙이 되어도 할 일이 있다
떨어진 씨앗이며 연약한 뿌리를
한파로부터 지키는 일,
그리하여 봄이 다시 꽃피우는 일이다.

비둘기와 호두과자

고소한 냄새가 베란다를 넘어 온다
건널목 귀퉁이에서 호두과자를 굽는 그녀
찾아오는 사람 많지 않은 것 같다

과자를 대작이며 손님을 기다리다 태우기라도 하면
매일 주변을 서성거리는 비둘기의 밥이 된다

친구 자매 모두 대려와 잘 먹겠습니다
머리를 주억거리며 먹는다, 먹다가
부스러기를 떨어뜨리면 참새가 와서 예쁜 부리로
주워 먹는다

비둘기와 참새가 추운 겨울을 잘 이겨내길 바라면
서
그녀의 호두빵 포차가 대박 나기를.

4부

청매실

해바라기

오직

너만 바라보았다

가슴속에 그리움은

타버린 숯이 되어

푸석한 얼굴에

검버섯으로 돋아난

가을 해바라기.

코스모스

날씬한 몸매는 같아도
얼굴은 서로 개성이 다른
코스모스

실바람에도 허리가 꺾일 듯
여린 몸으로
땡볕 아래서 꽃피울 수 있었던 건
햇살 가려주던 구름
땀방울 닦아주던 바람
타는 갈증 적셔 주던 소나기 몇 모금
그들의 배려 덕분이다

떠나야 할 가을 길목에서
꽃 피우던 기억을 씨앗에 새기며
바람의 손 잡고 원 없이 흔들며 춤춘다

흔드는 것이 막춤인 줄도 모르면서.

단풍

가을 산이
불타고 있다

봄꽃 보다
아름다운 가을 단풍

나 저 불꽃 속에
파묻혀
죽어도 좋겠다.

등나무 사랑

보랏빛
꽃 한 송이 피우기 위해

구부리고, 구부리고, 구부리며
너에게로 간다

사랑이란 미풍처럼 닦아가는 것
나를 내려놓고
너를 올려주는 것

끝내
꽃 한 송이 피우는 일이다.

불갑사 가는 길

한겨울에도 꽃이 피고
열매가 익는다는 걸
자연은 미리 알아차리고

꽃은 먼저 오게 하고, 잎은 나중에 보내며
서로 만나지 못하는 그리움은
노래가 되어, 시인의 마음을 울린다

그 속내 자연만 알고 있을 뿐,

산다는 건
외로움을 견니는 일이라고, 황량한 벌판에
홀로,
임 기다리며 서는가
고운 모습이 애처로운 상사화의 슬픈 사랑.

소리의 추억

아침을 여는 닭 울움 소리에
울 엄마 아침밥 지으려고 절구질 소리 들리고
울 언니 이고 오는 물동이 안에서 바가지
참방참방 흔들리는 소리 들렸다

가마솥에 부글부글 밥 익어가는 소리 들릴 때
빨리 학교 갈 준비해라!
엄마의 불호령이 떨어지면 밥 먹는 둥 마는 둥
책보자기 허리에 매고 학교에 갔다

학교에서 돌아오면
우리 집 백구 꼬리치며 짖는 소리
외양간 누렁이 눈 껌벅이며 되새김질하는 소리

골목길에 아이들이 모여 장난치다 싸우는 소리
매일 반복 되던 생활속의 멜로디
어릴 적 귀에 젖은 정든 그 소리가
추억 속에서 걸어 나온다.

도토리

굴참나무 아래 떨어진
도토리를 주워 왔다. 겉은 멀쩡한데
속은 대부분 벌레가 살고 있다

비바람 맞으며 인고의 시간 견디면서
도토리는 제 것을 조금은
내놓을 줄도 안다

나는 매일 자연이 가져다준 것들에
파묻혀 살면서도 누군가를 위해
나눈 적 있었던가

썩은 부분을 도려내고
묵 요리하여 볼이 터지게 먹는데
언 손 호호 불며 숲속을 서성이던
다람쥐가 슬픈 눈으로 나를 보고 있다

아차! 남의 밥을 훔쳐 왔구나!

청매실

단맛에 푹 빠진 그녀가
피부는 쪼글쪼글 야위어가고

삶의 절정이었던 푸른
젊음마저 내려놓고 우울증에 걸린 그녀
생을 지우려 하네

매실을 보호하려고 설탕이 껴안네

설탕의 열정이 뜨거웠던가?
오랜 침묵 속에
한 몸 되어 깊어진, 상큼한 사랑.

모과

못생긴 모과
외모로 판단하지 마세요

시퍼런 칼날 아래 떨어지는
슬라이스 노란 꽃잎
찻잔 속에서
꽃으로 다시 피어나요

지독한 감기의 사랑에
몸살 앓을 때마다 너를 찾는
나에게 위안을 주는
상큼한 사랑 모과차.

풍영정

정직한 땅, 흙에 감사하면서
영글어 가는 오곡을 위해
건배!

들녘을 휘돌아 달려온 냇물이
극락강에 모여
노래하며 춤추는데

강을 바라보며 서 있는
인적도 끊어진 풍영정 정자
가을밤 달빛 아래 홀로 외롭다.

내장산

지난여름 만났을 때
소녀 같은 얼굴로 반기더니
가을에 다시 만난 그녀

다홍치마 갈아입고 입술연지
곱게 바른
새색시가 되었네

황홀한 그녀 모습에
흠뻑 취해버린 나
꿈결인 듯 들려오는 산사의 목탁 소리
속세의 모든 번뇌 내려놓고 가라 하네,

불구경

자치회 노인들이 모여 남은 여생
보람된 일을 하자고 회비를 내며 토론한다

회장이 주요 안건을 제시하자
여기저기서 질문이 날아오고
말씀과 말이 부싯돌처럼 부닥치면서
불꽃이 피더니 드디어 불이났다

배려와 질서는 사라지고
회원들이 불을 끄려고
한 마디씩 말 바람을 던지는데
불난 집에 부채질하듯이
불길은 걷잡을 수 없이 번진다

나는 나약한 사림이다
가까이했다간 불똥이 내게로 튈 것 같아
한걸음 물러서서 구경만 했다.

추억

담쟁이가 담을 기어오르던
골목길에서
동네 개구쟁이들 다 모여
딱지치기, 구슬치기하며 놀고
여자애들
공기놀이, 땅따먹기 신이 났었지
땅을 많이 따 먹으려고
손금을 넘기도 하여 싸우기도 했었지

구경하던 해님도 지쳐
노을빛 커튼 뒤로 숨어버리면

'애들아! 그만 놀고 밥 먹어야지~'

다정하게 부르시던
어머니 목소리 들리네.

5부

가을꽃

행복이란

불행이 찾아 왔을 때
절망하지 말고 싸워 이겨야 해요

행복이란 화려하지도 거창하지도 않습니다
멀리 있는 것도 아닙니다
가까이에서 자세히 보아야 보이는 풀꽃처럼
작은 모습으로 알아봐 주기를 기다리고 있습니다

운명과 행복은 자신이 만드는 것

나도 괴로운 일 많았지만 일흔 넘어
컴퓨터를 배우고 시와 사귀게 됩니다 이 때부터
마음에 평화와 행복이 찾아 왔습니다

몸이 아파도 시는 나를 일으켜 세우며
힘을 내라고 합니다
외로울 때 시가 곁에 있었습니다.

밥도둑

소금기 밴 몸으로
뒤주 안 통보리 속에서 고행하느라
땀에 절여져
몸에서 진한 전 내가 났었다

그러나
그 유별난 향기를 나는
싫어하지 않는다
누구나 먹어보면 끌리는
맛의 유혹

하여, 밥도둑이라는 풍문이 떠돌던가?
그의 이름은
보리 굴비!
고향은 법성포란다.

홍주

배가 아파 우는 아이에게
엄마는 홍주를 먹였다

아이는 꽃잠 들어 깨지 못했다는데
놀란 엄마는 울고불고 초상집이었다는데
이웃 사람들이 찾아 왔다가
누군가 발뒤꿈치를 깨물어 보라 하여
어찌나 세게 물었던지 울며 깨어났다는데
아이는 한동안 보행이 어려웠어라

어린아이를 기절시킨 독한 녀석
그 후 나는 홍주의 비밀을 알았어라
빨간 입술연지 짙게 바르고 남자를 유혹하는
마녀라는 걸,

내 나이 열 몇이던가
수수꽃이 필 무렵, 또 배앓이가 도져서라
홍주에 놀란 어머니는 구충제라고
소문만 무성하게 퍼진 멀구슬나무 뿌리를
다려서 공복에 한 사발씩 주셨지

쓰디쓴 그 약 사약처럼 마셨지
그 후 간이 붓고 고열이 올라 저승까지 다녀 왔어라

딸을 잃을까 봐 맘 조이던
엄마의 지극한 헌신, 그 사랑이 애처로워
가슴이 저립니다.

*홍주: 진도 특산품 술

착한 여자

등나무 아래 의자에
길고양이 둘 낮잠을 자고 있다

오늘도 그녀가 다녀갔나 보다
밥과 물을 챙겨와 무릎에 뉘고
그윽한 눈으로 바라보며
고양이를 어루만져주던, 그녀가 왔었나 보다

나비야! 부르면 어디선가
뛰어온다는 길고양이 둘
코를 벌렁거리며
벤취에서 꿀잠을 자고 있다.

대지의 곳간이 병들지 않게

누군가 양심을 버렸군요
오물을 뒤집어쓴 플라스틱이 깨끗한
재활용 사이에 끼어들어 울고 있어요

깔끔하게 씻고 나온 플라스틱이
얼굴 찌푸리며 등 돌리고 있군요
재는, 쓰레기로 분리되어 흙을 슬프게 하겠지요

그동안 자연이 가져온
풍요로운 선물에 파묻혀 살면서도
고마움을 잊고 불평만 했어요

정신 차리고 살라고
신께서 코로나를 퍼뜨려 벌주고 있어요
미래에 더 큰 절망이 우리를 슬프게 할지도 몰라요
분리수거 꼼꼼히 잘해야겠어요

흙이 살고, 물이 살아야,
꽃피고 새우는 지상 낙원에서
우리가 살아갈 수 있음을 기억하면서,

*생태 환경 문학 작품집 :《광주문학》 여름호

가을 꽃

"어야 동상인가,
나 떡국 끓이네, 먹게 오소"

카랑카랑한 목소리 전화에 대고 떡국 먹자는
주간 요양원과 교회를 오가는 구순 넘긴
순례 어르신
이 얼마나 축복이며 감사할 일인가

독거노인 굽은 허리가 끓여 낸
꽃잎 같은 떡국
눈물겹게 먹고 있는 나를
십년지기 전용 미용사라고 그러신다

서로 쬐면서
우리가 머물다 갈 시간이 얼마나 남아 있는지 모르나
이 아름다운 지구별에서
그녀가 여행하는 동안
명주실 같은 머리를 더 예쁘게 잘라드려야겠다

가을 단풍처럼 그녀는 곱다
그러나 사람의 일이란 한 치 앞도 알 수 없기에
하늘이 허락한다면 꼭 그러고 싶다.

새도 우애友愛를 안다

베란다 너머로 모이를 뿌려요
비둘기, 참새, 직박구리 무리 지어 날아와요
간이 좁쌀만 한 어린 것들
나뭇잎만 떨어져도 놀라 숨고 다시 포르르
한 식구처럼 먹고 있군요

요 귀여운 꼬맹이들,
천천히 먹어 체할라!
비둘기가 엄마처럼 어린것을 가르쳐요

야생초 향기 몸에 두르고
탁발 나선 비둘기들 건너편 옥상에서
구구구 불경을 외우다가

창문 열면 날아와 실외기에 앉아서
어등산에 목백일홍 피었다는 소식
알려 줄까, 말까
머리 갸웃거리며 골똘히 생각해요

꽃피고 새들이 노래하는
아름다운 지상에서 함께 공존하면 좋겠어요
나는 그들이 부려 놓은 보석 같은
시의 조각을 주어 모으고.

물의 변신變身

바닷물이 염밭에 누워 성형해요
수천 개의 햇살 칼날이 물의 몸을 해체하여
세공하고 있어요

별 같은 결정체들
톱니 같은 뾰쪽한 각은 세공의 과정이
무척 힘이 들었다는 증거입니다

저 눈부시게 빛나는 물의 결정체들
푸른 물결이었던 기억 지우기로 해요, 하지만
바다가 귀의처인 짠맛은 그리움처럼 깊어져
누구나 귀하게 여기는 '황금' 같이
이름을 '소금'이라고 불러요

신안 천사의 섬에서 소금 꽃이 필 무렵
갯바위 엉덩짝을 철석, 철석 때리며
함께 장난치던 파도가 소금, 소금, 소금! 목 메이게
축가를 불러줍니다.

피그말리온 효과*

창작 지원금을 받았다

좁은 폴더에 웅크리고 있는
나의 시
이제 네 가슴에 이름표를 붙이고
날개를 달아 줄게

아직 어려서
걸음마도 날갯짓도 서툰 시여
기죽지 말고 세상 속으로 날아봐
멋진 상상을 하면서

지구라는 행성 한 귀퉁이에 터를 잡은
나의 조국 '대한민국'
이곳이 너무 이쁘고 고맙다.

*원하면 무엇이든 이루워진다.

검정 고무신

- 회상

엄마가 사주신 검정 고무신
발은 커가는데 고무신은 그대로
껴안아 주듯이 꽉 조였지
답답한 발가락이 울고 있었어

고무신은 미안했었지
키를 키우려고 기지개를 켜보았어,
이거 어쩌지
구멍이 났어야!
발가락이 발톱으로 긁어 댔겠지

엄마는 정성껏 꿰매주시며
다시 신으라 하고
헝겊 쪼가리 덧대 기운 고무신이 싫었어
발을 보호해준 고마움도 모르고

아~ 엄마의 향기,
엄마의 향기가 바람결에 실려 오네
검정 고무신 들고~~.

| 작품론 |

눈감으면 보이는 것들의 노래

– "사랑과 행복의 등꽃 향기 부려놓기"

김 종
(시인, 화가)

눈감으면 보이는 것들의 노래
– "사랑과 행복의 등꽃 향기 부려놓기"

김 종
(시인, 화가)

김문자 시인의 작품을 독서하고 "시인은 명성을 가지는 것 보다 시적인 가슴을 가지는 것이 더 중요하다. 시를 쓴다는 것은 그 속으로 들어가 그 詩에 의해 감정이 순화되고 변화되는 것이다."라는 알프레드 테니슨의 말이 떠올랐다, 세속적인 재화나 명성보다 시를 키우는 가슴을 중요하다고 말한 테니슨의 경구는 보통사람의 입장에서는 이해하기 어려울 것이다.'시를 쓴다는 것'은 시 속으로 들어가서 시를 통해 나 자신을 아예 시처럼 변화시키라는 의미에 다름 아니다.

오월의 숲은 그 자체로 축복이고 풍경

기왕 말이 나왔으니 필자도 한자리 말을 보태야겠다. 내 자신이 억만장자로 살아보지 않아서 그리 사는 것이 어떤 것인지는 알 수 없지만 억만장자로 사는 일과 내 자신이 인정할만한 한편의 시를 창작했을 때 둘 중 한 표를 던질 곳을 묻는다면 나는 서슴지 않고 내 자신이 인정할만한 한 편의 시에 한 표를 던지겠다는 마음으로 오늘도 시창작의 자판을 누르고 있다. 혹자들은 나의 이 같은 발언에 대해 당신들이 그리 가난하게 사는 이유를 알겠다고 할지 모르지만 내 자신 끼니 거르지 않고 하고 싶은 일 하고 오늘의 여기까지 살아온 것이 내가 생각하는 행복의 조건에 전혀 밀리지 않는다고 자부한 때문이다.

김문자 시인은 2016년《아시아 서석문학》신인상으로 문학 세상에 소개되었다. 김시인이 지금 팔십을 넘긴 연치를 생각하면 늦은 출발이 분명하다. 허나 그 이후 광주시협과 광주문협 등에서 활동하는 한편, 광주문협 인터넷 시민백일장에선 '대상'을 수상한 저력을 보인다. 이미 그는 자서전 성격의『꽃은 울지 않았다』를 출간하면서 탄탄한 문장력을 평가받았고 동인지《글터》에 수차에 걸쳐 작품을 발표하였다. 그러면서 시집『외로움을 만지다』를 2021년에 상재하였고 그의 시적 탁월함은 여러 독자들에 의해 좋은 평가에 이르렀다.

이상의 이유 때문은 아니지만 필자는 평설을 쓰는 자리이면 더러 강조하는 말이 하나 있다. 문학을 하는 세상은 다른 분야와는 달라서 어디로 나왔느냐, 언제 나왔느냐를 그리 대단하게 보지 않는다는 것이다. 그렇다면 독자들은 시인에게 무엇을 요구하는 것일까. 그것은 다름 아닌 어떤 작품을 써왔고, 지금은 어떤 작품을 쓰고 있느냐는 두 가지 사실 만에 주목한다는 것이다. 한마디로 얼마나 감동을 주는 볼만한 작품으로 독자들에게 다가 왔냐를 묻는다는 것이다.

그런 의미에서 김문자 시인은 이미 이전의 작품집에서 자신만의 개성을 평가받는 이야기 위주의 작품들로 문학적 차별성을 다수 선보여 왔다. 이번 작품집에서도 그의 늘품이 있는 창작적 성과는 간단한 수준에 그치지 않는다. 적어도 자신만의 목소리로 자신만의 세계를 가지고 자신만의 집을 지어서 자신만의 노래를 부르고 자신만의 이야기를 엮어가는 솜씨 있는 시인으로 자리매김하고 있다는 사실이다. 이 같은 의미에서 김문자 시인은 이번 시집에서도 우리의 기대를 저버리지 않는 좋은 작품적 성과에 이르렀음은 물론이다.

작품창작에서 김문자 시인은 자신만의 탁월한 시정신을 표현해서 독자와 상대하고 있다. 시적 언어의 실현에 성공한 시인은 사물과의 관계에서 자유자재한 모습을 그려내고 있다. 그 같은 결과로 김문자 시인의 작품마다 표현의 독자성을 읽을 수 있었음은 한편으로는 즐겁기까지 하였다. 시어의 문맥에 스민 표정과 기질과 정신을 한꺼번에 읽어내는 일이 문학을 접하는 일이다. 거기에다 덧붙여서 그 자리에서 얻어낸 언어적 울림과 감동이 사람을 변화시킨다면 훈육의 영역에까지 다다른 성공한 문학이라 할 수 있다. 그 같은 사실은 문학작품을 읽는 일이 그에 비례하여 우리 실생활에 얼마나 유익한 것인지를 말해준다고 할 것이다. 거기에 중점을 두고 김문자 시인의 작품의 행간을 들여다보기로 한다.

마당에 모깃불 피워 놓고
푸른 달빛 아래 모여앉아
봉숭아 꽃물 손톱에 들이면서
구르몽의 시가 좋다던 울 언니들

시몬! 너는 좋으냐 낙엽 밟는 소리가*

수제비처럼 쫄깃한 한 가락 뽑고
언니들 깔깔거리는 소리

소리 아득히 들려오는 이 밤
그날의 풍경이 그리워 눈을 감아 봅니다.

*구르몽의 시, 낙엽 부분

-「눈감으면 보이는 것들」

그립다는 말은 일단 지나간 일이라는 의미를 전제한다. 물론 겪어보지 않고도 그리워할 수는 있고 생래적인 그리움 또한 평상 존재한다고 할 수 있다. 그러나 작품에서 읽은 달빛 아래 모여앉아 손톱 밑에 봉숭아 꽃물을 들이면서 구르몽의 시를 얘기하던 시절을 그리워하는 화자는 추억을 전제한 여러 가지 표정의 그리움에 닿아있다. 「눈감으면 보이는 것들」에서 우리는 지난날의 몇 가지 이야기들을 만날 수 있었다. 눈 뜨고도 보지 못하는 것이 지천인 세상에서 '눈 감으면' 보인다니 이는 사유의 대상이 그만큼 간절하고 그립다는 의미이겠다.

지금과는 비교도 되지 않을 만큼 먹고사는 문제가 어렵던 시절의 풍경에, 그때의 이야기이다. 요즘 같은 시대에 그 같은 일들이 되레 그리워서 몸을 뒤척이며 잠 못 들어 하는 것은 겪어본 사람은 충분히 수긍하는 일이고 요즘 말로는 '사람냄새'가 나던 시절의 이야기라 할 수 있다. GNP가 2~3000달러이던 때의 이야기를 그보다는 열 배도 더 넘긴 시점의 이야기로 읽는 일은 겪어보지 않은 사람은 그 자체로 무슨 생뚱한 얘기냐고 할지도 모른다. 하지만 그 시절엔 마당 가운데 피워놓은 매캐한 모깃불 연기를 맡아가며 밤 깊은 시간까지 어머니의 이야기를 듣는 날이 많았고 그럴 때면 그리도 기분이 좋을 수가 없었다. 그리고 봉숭아 꽃물을 손톱에 얹어 실로 친

친 감아놓고 하룻밤을 자면서까지 곱게 물들기만을 빌기도 했던 때이니 그 광경만 하더라도 얼마나 순수했던가가 고스란히 그려진다.

어떤 때는 멍석자리에서 떠오른 달을 보며 갖가지 상상도 했었고 "시몬! 너는 좋으냐 낙엽 밟는 소리가"를 외우면서 구르몽 이야기를 나누던 시절은 지금은 전설처럼 지나간 머나먼 일이 되어버렸다. 그립고 그립고 그리운지고. 그 시절의 이야기들은 떠올릴수록 간절해져서 눈을 감으면 그날의 광경들이 더더욱 선명해지고 그날의 일을 그리워하는 화자의 모습이 눈에 보이는 듯하다. 손톱에 봉숭아 꽃물을 들이고, 자리가 이내 흥겨워지면 누가 먼저랄 것 없이 "수제비처럼 쫄깃한 한 가락 뽑"기가 일쑤였다.

그리고 그런 다음에는 박수를 치며 깔깔거리며 웃음바다를 이루던 시절은 분명 손에 잡힐 듯 그리움이 물씬거리고 아쉬움이 모락거린다. 그 시절을 함께 건너온 이들은 누구라도 눈시울 일렁이며 고개 끄덕일 작품이 「눈 감으면 보이는 것들」이다.

> 오월이 오면
> 뻐꾹새 울음소리에 숲이 푸르다
>
> 숲을 깨우려고
> 어둥산 뻐꾸기는
> 그토록 우렁차게 울었었던가

온 마을이 쩌렁쩌렁 울리던 '뻐꾹' 소리
언제부턴가 들리지 않네
숲도 새들도 귀 쫑긋 세우고 기다리는데

언젠가 다시 돌아와 뻐꾹! 뻐꾹!
노래 불러준다면
숲은 더욱 푸르러 우거질 텐데

아, 가고 오지 않는 것은 모두가 그리운 것
사랑아, 너도 가고 뻐꾹새도 떠나버린
숲길은 걷고 걷고 걸어도 적막하다.

-「오월의 숲」

뻐꾹새 울음소리가 숲을 더욱 푸르게 하는 오월이 오면 "숲도 새들도 귀 쫑긋 세우고" 무엇인가를 기다리는 모습이 우리가 생각하는 '오월의 숲'이 아닐까 싶다. 오월의 숲은 그 자체로도 하나의 축복이고 최고의 풍경이다. 그걸 깨워서 알리기라도 하듯 어등산 뻐꾸기는 산봉우리가 흔들리도록 '우렁차게 울었던' 것을 시인은 무심상 넘기지 않았던 것이다.

"나를 응원해주는 내 아이들"에게

정말이지 우리가 하루 세끼 때우기도 어렵던 시절에 듣는 뻐꾸기 소리는 배 고픈 세상을 멀리멀리 소문내는 소리로 들렸었고 그래서 고픈 배가 더더욱 고파오던 시절이었다. 그 자리에서 지난 시절을 회상하는 화자는 "가고 오지 않는 것은 모두가 그"립다고 했다. 그토록 어렵던 세월이건만 화자는 오랜 세월을 지나 이리도 눈부신 계절을 맞아 뻐꾹새 울음처럼 그리운 것들을 떠올리면서 걷는 숲길이 마냥 적막하다고 했다.

행복해지면 어려운 때를 회상하는 것이 우리네 인간의 통상 감정이 아닐까. 그 어려웠던 시절을 넘어온 고통 따위를 새삼 그리워하는 것이며 이는 어찌보면 아이러니하기도 하다. 이 자리에서 사랑하는 이도 떠나고 뻐꾹새도 떠난 '숲길'이 적막하다는 것은 화자의 심적 상태가 그 같았다는 말과 동일의미가 아니겠는가. 그래서일까. 적막과 함께 동반자 없이 걸어가는 화자만의 숲길이 한없이 쓸쓸하게 느껴진다.

신록이 세상모르게 우거지는 '오월'을 너나없이 '계절의 여왕'이라고 한다. 세상에서 가장 아름다운 계절이 오월이라는 의미를 이리 표현한 것이리라. 이 같은 계절이건만 80년에 겪었던 우리 광주의 오월은 더 이상의 아픔이 없을 만큼의 아픔이었고 지금도 그날의 한기가 오슬거리는 미증유의 대환란이었다. 춥기를 할까 덥기를 할까 더 이상의 계절이 없겠다 싶은 계절이 오월이지만 '오월광주'는 이 같이 전무후무한 이방지대가 되었었다. 그리고 살아남기 위해 펼친 처절한 몸부림은 그 자체로 자구적 사투에 다름 아니었고 그것들은 지금도 치유되지 않는 상처로 남아있는 것이다.

앵무 부부는 나 들으라고
목청껏 노래 불러주고
거실에 주인처럼 버티고 선 행운목이
나의 일거일동을 주시하고 있다.

잊지 않고
감사 기도는 드리고 있는지
약은 제때 잘 챙겨 먹는지

화분의 꽃은 사시사철 싱글벙글 웃으며
늘, 웃고 살라고 가르치고
나를 응원해 주는 내 아이들
나무로 꽃으로 여기 서 있다.

-「가족」

감사를 실천하는 자리에는 예외 없이 '가족'이라는 주체가 위치하곤 한다. 그리고 가족은 그 자체로 얼마나 큰 축복이고 위안인가를 자주 되뇌곤 한다. 화자는 '앵무부부'나 행운목이 화분에서 꽃 피었고 사시사철 싱글벙글 웃음을 주는 꽃들까지도 "나를 응원해주는 나무로 꽃"으로 호명하며 제 자리에 앉히고 있다. 작품에서 읽은 화자는 물론 시인 자신이

겠다.

허지만 한편으로 화자는 '삶' 자체에 감사하며 주위사방에다 두루 사랑을 실천하고 베푸는 분으로 여겨진다. 생각해보면 앵무 부부가 "목청껏 노래 불러"준다든지 거실에 버티고 선 주인 같은 행운목이 주인의 "일거일동을 주시하"면서 어찌 지내시는가를 살핀다든지 등은 화자가 주변 사물들과도 그만한 사랑을 나누고 있다는 의미일 것이다. 이 같은 대목의 관심들을 읽으면서 이 지역 무등산 자락에서 선비정신을 훈육하고 문학사적으로 괄목상대한 업적을 이룬 면앙정 송순, 하서 김인후 선생 등이 주장하고 실천한 '사해동포주의'가 이 자리에서 새롭게 떠오르는 것이다. 생각해보면 세상을 살아가는데 "늘 웃고 살라고 가르치고" 나무로 꽃으로 서서 "나를 응원해주는 내 아이들"이라는 걸 자부하는 일은 이보다 든든한 재산이 어디 있겠는가를 선언적으로 들려주는 말이기도 하다.

감사기도를 드리고 제 때에 맞춰 약을 챙겨먹고 그러면서 주변 사물들을 자식처럼 돌보는 김문자 시인이야말로 더 이상의 행복은 없겠다는 생각이다. 김문자 시인의 작품 「가족」을 읽으면서 잊지 않고 드리는 감사기도에는 화자를 응원하는 여러 사물들이 제자리에 위치하거나 배치되어 우리와 함께하고 있구나를 새삼 음미할 수 있었다.

하늘이 금방이라도 울 것 같아요,

꽃님아, 연두야,
너희 기분은 어때?
노래 부르기 싫어, 졸려요!

오, 그렇구나, 그럼 기다려!
양태환의 멋진 기타연주 들려줄게,
테스형, 고향역, 꽃마차, 둥지, 열정
와! 신나요, 삐오, 삐오, 삐오, 삐삐삐!

나의 애완조 우리 둘의 대화는
우주 어느 행성의 암호처럼 퍼져가지만
목소리, 몸짓, 눈빛을 보고
나는 너희를 해독할 수 있어요.

-「흐린 날의 명상」

작품 속의 화자는 천진하고 아이스러운 사람으로 읽힌다. 이 같은 화자로 하여 시적 진실이 보다 가깝게 읽히는 작품이 바로 「흐린 날의 명상」이다. 먹구름이 뒤덮이고 금방이라도 비가 내릴 것 같은 흐린 날씨에 화자는 명상 속에서 '꽃님'과 '연두'를 소환하고 그들과의 대화를 시작한다.

마치 화훼농사를 짓는 원예업자처럼 시적 화자는 꽃과 잎의 기분까지 염려한다. 모두가 우리들의 평상생활권 밖에서도 동일 형태의 세상이 운행되고 있음을 현실적 감각적으로 노래한 작품이 「흐린 날의 명상」이다. 주변 날씨가 흐린 날 화자는 꽃님과 연두의 기분을 생각하여 노래 부르기는 싫으냐, 졸리느냐까지 물어가며 우리가 궁금해 하는 식물에게서 그들의 심적 상태를 다소 코믹하면서도 페이소스한 눈으로 진단하고 있다.

봄이 온 걸 알고 기지개를 켜는 겨울잠

그러면서 잘 알았다는 듯이 멋진 기타리스트 양태환의 연주를 직접 들려주고 "테스형, 고향역, 꽃마차, 둥지, 열정" 등을 "와! 신나요, 삐오, 삐오, 삐오, 삐삐삐!" 간주음까지 넣어가며 그들과 동일시에 이르고 이를 해독하여 들려주는 자상함까지를 읽을 수 있었다. 그러면서 화자와 애완조가 나누는 둘만의 대화가 시작 되고 그쯤에서 우주의 어느 행성까지 암호문자나 부호처럼 퍼져나갔을 "목소리, 몸짓, 눈빛을 보고" 그것들 모두를 해독할 수 있겠다는 김문사 시인의 언어에는 앞에서도 밀한 사해동포주의자의 언어가 살아있다고 하겠다. 어떻든 날이 흐린 날 주변 사물들과 대화를 나눈다는 것도 마땅하고 시적 진실의 형상화가 다분하지만 그것들 모두를 해독할 수 있다는 작품 속의 표현들을 접하면서 김문자 시인의 언어감각이 천진함을 넘어선 진실과

울림의 산물임을 읽을 수 있었다.

봄이 온 걸 알고
나무들은 기지개를 켜며 겨울잠에서 깨어난다

바람이 분다
에취 에취, 기침 쿨럭이며 몸살을 앓아야
꽃눈이 트이고 꽃이 핀단다

봄바람은 꽃을 시샘하는 게 아니다
아직 철없는 어린 것들
햇살 따스할 때 천천히 꽃피우라고
일찍 나와 떨지 말라고 단속하는 바람이다
그런 바람의 마음도 읽을 줄 모르고
꽃을 시샘하는 바람이라고
나는 봄바람을 미워했었네.

-「봄바람」

봄바람을 읽어내는 방식이 다른 자리에서는 볼 수 없을 만큼 김문자 시인만의 시적 독자성이 확인된 것은 독자 입장에서도 여간 삽상한 일이 아닐 수 없다. 그가 대면하여 어울린 세상을 이처럼 자별하게 읽어내는 일이 화자의 생각이 어디에 위치하는가를 독자의 눈으로 감각할 수 있기 때문이다.

김문자 시인의 언어에는 시적 사물에의 염려와 관심과 사랑의 눈빛이 자별하게 짚어진다. 그리고 이들은 별개로 놀거나 동떨어진 것이 아닌 객체적 동일시가 여실한 작품이었다. 그는 분명 봄이 온 걸 알고 기지개를 켜며 겨울잠에서 깨어나는 나무들을 해석하는 남다른 시선을 보여주고 있다. 봄이 되면 백화난만이 동시적 현상처럼 밀려오고 어우러지는 것은 불문가지다. 바람에는 아직 한기가 묻어있고 "에취 에취, 기침 쿨럭이며 몸살을 앓아야/꽃눈이 트이고 꽃이 핀"다는 화자의 관찰에는 주변을 어루만지고 다독이는 어머니의 자애로운 손길이 묻어있다.

어찌 꽃눈이 트이고 꽃이 피는 일이 간단하다고 하겠는가만 그것들의 일이 '몸살'을 치른 뒤의 일이기에 그렇다는 것은 재론이 불요하다. 그러면서 꽃이 피는 것에 대해 봄바람의 '시샘'으로 읽히는 현실에서 김문자 시인이 보여준 '봄바람'의 해석 또한 독특하다. 세상 물정을 모르는 저들이 무작정 나왔다가 어찌 될 것인가를 걱정하면서 일찍 나와서 떨지 말고 "햇살 따스할 때 천천히 꽃피우라고" 당부하는 마음이 봄바람의 진짜 마음이라는 것이다.

문득 하룻강아지 범 무서운 줄 모른다는 속담이 떠오르는 순간이고 이를 염려한 화자의 모습은 더도 덜도 아닌 어머니의 마음이 이 같다 하겠다. 그런 봄바람을 마음의 차원에서 제대로 읽고 해석한 뒤의 화자는 봄바람이 봄꽃 피는 것을 시샘한다고 여겼던 자신의 그간의 생각이 사려 깊지 못했다며 짧았던 자신의 생각을 뒤돌아보고 있는 것이다. '일체유심조一切唯心造'라는 원효대사의 명품 화두가 새삼 생각나는 작품이다.

건물 외벽을 기며
균열이 생긴 틈을 메우는 사내가
거미처럼 내려오고 있었다

틈이 생긴 곳 조목조목 진단하며
기계처럼 움직이는 공구들
실리콘 접착제
그가 믿고 의지하는 가족 같은 존재들이다

쏟아지는 햇살을 온몸에 받아내며
긴장의 족쇄가 가슴 조여도
밧줄이 곧 가족의 밥줄이기에 두려움 따위야
견디며 작업할 수 있다고
동여맨 밧줄을 당기며 힘을 준다

위험 구간에서 벗어난
거미 인간
땀이 젖은 얼굴에 미소가 환하다,
가족들이 달가닥거리는 밥숟가락 소리에
웃음꽃이 피어날 저녁이 오고 있었다.

-「거미 인간」

긴 외줄에 매달려 고층건물의 균열도 수리하고 건물 외벽도 손질하는 '거미 인간'은 말 그대로 줄 하나에 자신의 모두를 매달아두고 하루하루의 작업을 이어나간다. 혹여 매달려있는 줄이 끊어지거나 벗겨지기라도 하면 그 다음은 상상하기도 싫을 만큼 결과는 끔찍하다. 이같이 위험한 곳에서 작업하는 분들로 하여 우리가 이 정도의 생활이라도 가능한 것은 아닐까. 말 그대로 '거미'처럼 줄 하나에 매달려 건물 외벽을 능숙하게 작업하는 사람은 한마디로 '거미 인간'이라 할 수도 있겠다. 우리 같은 사람들이야 천금을 준다한들 그 같은 일을 생각이나 할 수 있겠으며 이분들이 작업현장에서 감내하는 작업의 위험도는 필설을 불허할 정도로 크다고 하겠다.

웃음꽃 가득한 저녁시간을 상상하는 「거미인간」

또한 이분들이 작업하면서 "믿고 의지하는 가족 같은 존재들"은 일차적으로는 "기계처럼 움직이는 공구들"이고 실리콘 접착제가 고작이기 십상이었다. 이분들이 작업하면서 밧줄을 당겨 힘을 받아 작업하는 것은 "밧줄이 곧 가족의 밥줄이기에 두려움 따위야" 잊어가며 쏟아지는 햇살까지를 온몸으로 감내하는 것이다.

사는 것이 맵고도 독하다지만 이들이 현장에서 겪

는 어려움이 바로 이 같은 사실을 말해주는 것이 아닐까. 작업을 마치면 위험 구간에서 벗어나게 되는데 이때에야 비로소 '거미인간'은 몸의 땀을 닦으며 얼굴에는 안도의 미소가 번지는 것이다. 그리고 바로 이 시간이 달가닥거리는 가족들의 밥숟갈 소리를 내는 웃음꽃 가득한 저녁시간임을 상상으로 들려주는 작품 속의 이야기를 대하면서 「거미 인간」을 창작한 김문자 시인이 그만큼 따뜻하고 인간적인 분이라는 생각이 든다.

바람만 드나드는 바람의 집
벽에 걸린 호미처럼 걸려 있는 공중전화기
왠지 궁금하여 전화기를 귀에 댄다

그대 음성 들리지 않고
어느 외계인의 모스부호 같은 삐 삐 소리만
차례를 기다리며 줄 서기 하던
안부를 묻고 서로의 목소리에 울컥하던
공중전화,

봄이 오면 근처 화단에서 매화 꽃잎 몇 장
날리기도 하고, 여름이면
등꽃 향기 지고 와 부려놓기도 한다

바쁘게 살던 때는 몰랐던 방울새 소리가 서글프다
가끔 길고양이 밥을 챙겨 오는

마음이 예쁜 여자가 부스 안에 밥을 두고 간다

배불리 먹고 낮잠 든 길고양이 코 고는 소리
하품을 멈추고 바라보다가 전화통에 숫자처럼
남은 밥알을 세보며 무료를 달래는
'공중전화기'

-「공중전화」

공중전화기에다 귀를 대고 통화를 하던 시절 상대편 목소리만 들어도 행복감이 밀려오곤 했었다. 우리는 그런 시대를 거쳐서 오늘의 스마트폰 시대를 맞이했고 그 과정에서 공중전화기는 거지반이 철거되거나 버려지고 그나마 남은 전화기에도 귀를 대보면 듣고 싶은 목소리는 들리지 않고 "어느 외계인의 모스부호 같은 삐 삐 소리만" 이어지면서 짜증을 더하곤 한다. 거슬러 생각해보면 줄을 서가면서까지 차례를 기다렸다가 차례가 되면 공중전화 박스로 달려가서 상대의 안부를 묻고 목소리 듣는 것으로도 마음이 흡족하다고 했었다.

이제 세상은 상전벽해처럼 변했다. 그리고 고철더미처럼 남아버린 공중전화박스 근처의 화단에는 매화꽃잎이 날아들어 쌓이기도 하고 감싸듯이 등꽃향기 '부려놓기도'하는 참 하릴없는 공간으로 바뀌어버렸다. 세상 변하는 모습이 이리도 무상한가 싶은 시점에서 "바쁘게 살던 때는 몰랐던 방울새 소리가 서글프게 들리고" 가끔씩 마음이 예쁜 여자가 부스 안에다 길고양이 밥을 놔두고 가는 모습이 더 없이 아름답다는 화자의 발언에는 직핍한 현실감과 함께 강한 반어법마저 익힌다. 이제 공중전화박스는 누구도 찾아가거나 출입하지 않는 빈 공간이 되어 무용지물로 방치된 지 오래라는 얘기다.

정말이지 고양이 코고는 소리를 가까이서 들어본 일이 있다. 그런데 이 작품에서도 많이 먹고 늘어져서 하품을 하다가 낮잠 든 "길고양이 코 고는 소리"를 들어가며 밥그릇에 "남아있는 밥알을" 숫자처럼 세어본다는 표현은 그 어법이 뛰어나다는 생각도 들고 콕 집어서 설명하기 어려운 복합적 의미도 읽힌다. 작품이 말하는 공중전화기는 이제는 우리 생활의 중심에는 다시는 들어오기 어려울 것이다. 그리고 공중전화기 자체가 사람들의 기억에서 전설처럼 희미한 세상으로 더 깊이 진입하는 것만은 틀림이 없어 보인다. 공중전화기가 설치된 공중전화박스를 사실적으로 묘사하면서도 거기에다 이야기를 담아낸 이 작품에서 우리는 한번 변화에서 멀어지거나 뒤처지면 사람들은 뒤도 보지 않는다는 현실적 냉엄함 또한 읽을 수 있었다.

골목을 서성거리는 외로운 여인
그녀의 표정은 한결 같다

검은 낯빛의 싸늘한 눈빛
그늘이 깔린 푸른 하늘도
예쁜 꽃도 아름다운 새소리도
그녀에겐 들어오지 않는다

거리마다 박스와 공병이 수북이 쌓였으면 한다
리어카에 쌓인 박스가 무거울수록
반대로 삶의 무게는 가벼워진단다

날마다 폐지를 수거해가면
길이 그만큼 환하듯이
그녀의 삶도 꽃처럼 피어나 꽃밭이길.

-「삶의 무게」

우리가 흔히 길거리를 걷다 보면 허리 구부정한 나이 드신 여자 분이 폐지나 종이박스를 리어카에 가득 싣고 머리가 땅에 닿을 듯 힘겹게 끌고 가는 모습을 가까이서 보곤 했었다. 우리는 저걸 수거해다가 고물상에 넘기면 얼마벌이가 될 것인가가 궁금했었는데 에구머니나 그것들은 기껏해야 몇천 원에 불과하다고 한다. 그것이 만원을 넘기려면 그 더미가 무등산만 해야 한다니 그분들의 노고가 이만저만한 것이 아니었겠다. 그것도 무게를 달아서 값을 쳐주다 보니 물을 뿌렸다가 적발이 되는 일도 많다고 한다.

문명에 밀리면서 큰 함성을 지르는 나무들

작품 속의 주제적인 인물은 '외로운 여인'이다. 그리고 그녀에겐 오직 골목을 서성서성 돌아다니면서 폐지나 박스를 줍는 일이 고작이다. 그리고 종이박스를 하나라도 더 줍기 위해 항시 "검은 낯빛의 싸늘한 눈빛"에다 거리마다 박스와 공병이 수북하게 쌓이기만을 소망하는 그녀에게 리어카에 실린 짐의 무게와 삶의 무게는 여지없는 반비례라는 생각이다. 화자의 입장에선 "예쁜 꽃도 아름다운 새소리도" 들리지 않는 검은 낯빛의 외로운 여인이 폐지나 박스나 공병을 수거하여 "길이 그만큼 환하듯이" 그녀의 삶도 꽃처럼 피어나 꽃밭이기를 못내 기원하는 모습에서 폐지수거가 경제적으로 보탬이 되는 동시에 주변 환경에도 도움을 준다는 고마운 사실을 함께 노래한 작품이라는 생각이 든다.

나무가 아파트를 들어 올린다고
어느 날 수십 년 된 나무만을 제거했다
푸른 나뭇가지에 집을 짓고 새끼를 낳아
벌레 물어다 주던 어미 새는 보이지 않는다

그 함성은 전기톱 소리만이 아니었음을
나무들 피 흘리며 소리소리 지르며 울었던 것을
울음소리 감추려고 전기톱은 더 크게 소리쳤던 것을

하늘을 치솟던 메타세쿼이아
푸르게 살아온 상징 같은 나이테
생을 다 하는 날까지 낙관처럼 가슴에 새겼다

놀란 듯이 헤매다 돌아온 눈이 퉁퉁 부은
까치 한 마리
머리를 갸웃거리며 그루터기에 우두커니 서 있다
이곳에 우리 집이 있던 자린데.

-「아파트를 들어 올리는 나무」

문명이 무서운 속도로 자연을 몰아내거나 앞장서서 저만치 길을 가고 있다. 애초에 지상은 대자연의 차지였다. 그런데 인간이 깃들이기 시작하면서 자연의 면적은 상대적으로 비좁아지고 숨 쉴 공간조차 걱정해야 할 지경에 이르고 말았다. 도심지의 조림까지도 "나무가 아파트를 들어 올린다고"하여 수십 년 된 아름드리나무를 제거하는 바람에 나무가 우거져야 집을 짓고 새끼를 낳아 벌레를 물어다 주는 어미새의 모습마저 더 이상 보이지 않는다는 지점까지 왔다. 문명에 자꾸 밀리면서 나무는 큰 함성 소리를 지르고 소리소리 피 흘리며 전기톱에 무참히 잘려나가면서 울고 또 울었던 것이다. 독자들은 그 "울음소리 감추려고 전기톱이 더 크게 소리를 쳤"다는 것을 읽고 있다. 전기톱의 입장에서 감성이 인성을 앞지르는 묘사로 화자는 나무를 애도하고 있다.

지금 담양지역을 중심으로 여러 지역에서 연도의 가로수가 메타세쿼이아로 바뀌었고 상당 세월이 흐르다 보니 이제는 그것들이 대단한 풍치를 이루어 괄목할만한 볼거리가 되었다. 그러한 굳건한 나무들이 잘려나가면서 가슴에 낙관처럼 드러낸 나이테를 보면서 화자는 마냥 가슴이 무너진다고 했다. 이를 보고 놀라서 둥지를 떠난 까치 한 마리가 헤매다 헤매다 눈이 퉁퉁 부은 채로 둥지 틀었던 그루터기에 머리를 갸웃거리며 새끼를 확인이라도 하듯 우두커니 서 있는 광경을 보며 인간이 문명을 앞세워 저지른 만용이 여기에 이르렀는데 이래도 되는가 싶게 대자연을 흔적도 없이 지워내는 자리에서 화자의 깊은 우려가 노래되고 있다.

그녀가 임산부가 되어 돌아왔다

나는 그녀의 치마를 들춰 보며 배를 만져 본다
다섯 쌍둥이가 오글거리고 있다

수국이 개화하던 날
금줄 치고, 나는 춤이라도 춰야겠다

두 해 동안 꽃을 피우지 못하고
앓기만 하다가 가버린 수국
화분을 내게 남기고 요양원에 간 독거노인

별이 되어 떠났다는 소식에
수국도 슬퍼 꽃 피우지 못 했나보다
이제야 맘 추스르고
다시 꽃피울 준비를 하고 있구나

오, 내 아이 같은 꽃들이여

-「개화開花」

꽃이 피는 것은 세상이 새롭게 열린다는 의미이기도 하다. 작품 속의 수국도 그랬지만 이는 두 해를 앓기만 하다가 꽃도 피우지 못하고 가버린 일로서 세상을 열지 못하고 마감했다는 슬픈 소식과 동일의미로 읽힌다.

모든 생명체는 세상에 그 모습을 드러낼 때 자신만의 세상을 만들어갈 고유의 의무를 지니고 태어났다고 생각된다. 그런데 "그녀가 임산부가 되어 돌아왔다"로 시작되는 작품 「개화」는 이미 세상을 활짝 열치기 위한 '임산부'가 등장하고 임신 상태의 태중아이는 꽃 필 날만을 기다리는 꽃망울에 비견되고 있다. 화자가 임산부의 배를 만지면서 다섯 쌍둥이를 진단해 내고는 금줄을 치고 춤이라도 추고 싶을 만큼 기뻤다는 날은 때를 맞춘 듯 "수국이 개화하던 날"이었다. 이쯤에서 시적 효과를 드높이기 위한 시인의 의중 하나를 읽을 수 있다. 다름 아닌 세상을 열쳐가기 위한 임산부의 다섯 쌍둥이 이야기로 금줄이라도 치고 춤이라도 추고 싶을 만큼의 기쁜 일이었다. 그리고 이에 견주어진 것이 "수국이 개화하는 날"이었고 이를 대비하는 자리에 두 해 동안 꽃을 피우지 못하고 시름시름 앓기만 하다가 '가버린' 수국과 그 화분을 화자에게 남기고 '요양원에 간 독거노인'이 등장한다.

"서로의 등을 토닥이는 그런 만남"으로

그가 이미 '별이 되어 떠났다는 소식'에 그를 슬퍼하다가 꽃을 피우지 못한 수국을 시적 개연성으로 발언하는 화자는 수국으로 하여금 그 슬픔을 털고 꽃피울 준비를 해야 한다는 대목까지 와서야 작품 「개화」의 스토리가 스미듯이 선명해진다. 이 자리에서 시인은 피어나는 꽃들을 두고 부르짖듯이 "내 아이 같은 꽃들"이라 하였다. 모르긴 해도 자식을 부르는 이 세상 모든 어미의 목소리가 이와 같았으리라. 요컨대 우리가 시나 수필이나 소설을 편 편으로 읽는 일은 그 자체로 한 편 한 편의 이야기를 읽어내는 일에 다름 아니다. 위의 '개화'에서도 우리는 꽃이 피는 일이 이 같이 웅숭깊은 사연들을 체험하는 일이라는 사실을 실감하면서 읽을 수 있었던 것이다.

지난밤 꿈에 당신이 왔어요
고향 집 감나무 아래 친구와 서 있었습니다

친구가 나를 보며 얼굴이 안 좋으시다 했어요
그러자 저 사람이 몇 차례 죽다 살아나서 그렇다며
그동안 저 사람에게 내가 너무 '무심' 했었지 했어요

풀꽃 같은 어린 것 셋을 두고
눈물에 젖어 떠난 사랑아, 그립고 못 잊어
햇살로 달빛으로 지켜보고 계셨군요

놀라 잠 깨어 그 모습 다시 보려 해도
잠도 꿈도 사라지고
당신이 나에게 '무심'할 수밖에 없었던
서러운 그 말 한마디
내 가슴에 박혀 평생을 아파하겠지요

다음 꿈에는
당신이 기억하는, 예쁘지도 밉지도 않은 젊은 아내
그 시절로 돌아가 숲길 함께 걸어도 보고

바닷가 언덕에서 어깨 기대고 앉아
하얀 포말로 부서지는 파도를 바라보며
우리가 뿌려놓은 씨앗들이 잘도 자라고 있음에
서로의 등을 토닥여주는 그런 만남이었음 해요
꿈에라도 다시 한 번!

-「꿈이여 다시 한 번」

작품 속의 '당신'은 "풀꽃 같은 어린 것 셋을 두고" 일찍 세상을 떠난 화자의 남편으로 읽힌다. 김문자 시인은 젊은 날 떠난 남편으로 하여 여성 가장이 되었고 세 자녀를 보란 듯이 장성시키고 문학을 만나 자신만의 "빛깔과 향기로 꽃피우"는 중이다. 작품에서 김문자 시인은 생시처럼 남편이 찾아온 꿈을 꿨는데 이 자리에서 현실처럼 서로가 말을 주고받는다. 친구가 화자를 보며 "얼굴이 안 좋으시다 했"더니 "몇 차례 죽었다 살아나서" 그런 거라며 "그동안 저 사람에게 내가 너무 '무심' 했었"다는 말까지 들려준다. 그리고는 눈물겨운 회상으로 풀꽃 같은 어린 것 셋을 두고 떠났다든지 "눈물에 젖어 떠난 사랑아" 그 사랑 그립고 못 잊는 마음으로 여지껏 살아왔는데 "햇살로 달빛으로 지켜보고 계셨"다는 상대의 자별한 마음에 그리움은 더더욱 간절한 것이 되고 만다.

그러다가 놀라서 꿈을 깼고 "그 모습 다시 보려 해도/잠도 꿈도 사라"져버렸다는 것이다. 다시 한 번 현몽하여 간절한 그리움을 되살리고 싶다는 화자에게 끝끝내 "서러운 그 말 한마디"는 무심한 일로 끝났던 것이다. 그리고 '내 가슴'에 박혀 평생을 아파할망정 "당신이 기억하는, 예쁘지도 밉지도 않은 젊은 아내/그 시절로 돌아가 숲길 함께 걸어도 보"면서 바닷가 언덕에서 어깨 기대고 앉아있고 싶다고도 하였다. 그런 다음 "하얀 포말로 부서지는 파도를 바라보며" 수고했다. 약속했다. 등등의 이야기를 나누며 잘 지내다가 다음 세상에서 다시 만나자. 등등의 이야기가 "서로의 등을 토닥여주는 그런 만남"으로 풀리면서 작품의 다음 진행을 요량하고 있다.

이나 저나 이야기는 강물처럼 이어지고 '꿈에라도 다시 한 번!'을 되뇌는 화자의 결곡한 모습이 그려진다. 상황이나 풍경의 묘사가 자못 뛰어난 「꿈이여 다시 한 번」은 이들을 매개하여 스미듯이 간절한 심정을 드러내는 이야기가 되고 여기에서 김문자 시인이 보인 시적 재능 또한 남다르다는 것을 수긍하게 된다. 적절한 수사와 언어적 배열, 순탄하면서도 차분차분 풀어내어 발언의 품목들을 솜씨 있게 빚어낸 김문자 시인의 언어들이 두루 깊은 인상으로 읽혔다.

"어야 동상인가,
나 떡국 끓이네, 오소"

카랑카랑한 목소리 전화기에 대고 떡국 먹자는
주간 요양원과 교회를 오가는 구순 넘기신
순례 어르신,
이 얼마나 큰 축복이며 감사할 일인가

굽은 허리 독거노인이 끓여 낸
꽃잎 같은 떡국 먹고 있는 나를
십년지기 전용 미용사라고 그러신다

서로를 쬐면서,
우리가 머물다 갈 시간이 얼마 남은지 모르나
이 아름다운 지구별에서 여행하는 동안
그녀의 명주실 같은 머리를 더 예쁘게 잘라드려야겠다

가을 단풍처럼 그녀는 곱다
그러나 사람의 일이란 한 치 앞도 모르지만
하늘이 허락한다면 꼭 그러고 싶다.

-「가을 꽃」

"어야 동상인가,/나 떡국 끓이네, 오소" 대화체로 시작하는 이 작품「가을 꽃」도 우리들의 주변 이야기가 너끈히 비축되어 있다. 주간 요양원과 교회를 오가는 '구순 넘기신 순례 어르신'은 떡국을 끓여놓고 함께 와서 어울리자고 연락을 해온 분이다. 이런 자리에 나이가 무슨 대순가. 생활은 그 자체로 열정이고 그만한 열정이라야 살아갈 수 있다고 여겨진다. "오가는 말 한마디도 축복으로 여기며 살아가다 보면 그 자체로 큰 축복이라는 생각이 김문자 문학의 전면을 장식한다. 참 표현도 예쁘지, 화자는 독거노인 순례 어르신이 굽은 허리로 끓여내신 떡국을 '꽃잎 같은 떡국'이라 하였다.

"행복은 언제나 가까이에서 찾아라."

순례 어르신 또한 화자더러 '십년지기 전용 미용사'라고 한다. 두 분은 이같이 서로의 마음을 주고받으며 가깝고도 친밀한 사이가 된 것이다. 아마도 그 동안의 세월에 화자가 가위를 들고 동네 어르신의 머리를 잘라주었던 것 같다. 우리가 지상에 남아 있을 시간은 그 누구도 얼마인지를 알 수 없는 것, 사람들은 그걸 두고 "익은 감도 떫은 감도 떨어지기는 마찬가지"라고 하지 않던가.

그리고 지상에서의 삶을 두고 저승 꽃밭이라도 이승 진흙밭만 못하다고 말하기도 한다. 이들의 말들을 새겨보면 크게 새삼스러울 것도 없다. 그저 감사하며 기쁜 맘으로 살아온 것이 바로 천국이고 극락이라는 말은 살아온 세월에 비추어 고개가 끄덕여진다. 그러면서 이어지는 그 다음의 표현이 더더욱 압권이다. 화자는 오가면서 살아온 세월을 '서로를 쬐면서' 지냈다고 하였다. 그리고 머물다 갈 시간이 얼마일지는 몰라도 손잡고 동행하는 여행이라는 이야기가 더없이 실감나게 읽힌다. 시가 뭐 별것인가. 이리 따뜻한 이야기를 그것도 기쁨과 신바람을 동반하여 이를 읽는 독자에게 선물하는 것이 시인으로서의 응분의 도리를 다 한 것이리라.

명주실 같은 머리를 더 예쁘게 잘라드려야겠다는

생각 뒤에 순례 어르신을 가을 단풍처럼 곱다한 김문자 시인의 언어적 심미안을 오래도록 저작하고 싶다. 살아있는 날까지는 예쁜 머리손질을 다짐하는 화자의 곱단한 마음씨가 이 작품에 절정을 만들고 있다. 인생이라는 여로에서 마주친 자잘한 일들로 하여 행복감이 절로 샘솟는 화자의 일상이 우리에게도 여일하게 복된 일인지를 한 편의 시로 읽을 수 있었다. 그리고 이처럼 빚어낸 김문자 시인의 마음 씀씀이가 그대로 언어로 옮겨져서 한 편의 멋진 시로 탄생한 것이 아니겠는가.

손톱 밑에 봉숭아 꽃물을 들이면서 구르몽의 시를 얘기하던 시절은 '사람냄새'가 나던 시절이었고 이 같은 때를 "수제비처럼 쫄깃한 한 가락"으로 뽑아낸 「눈감으면 보이는 것들」, 배고픈 세상을 소문내는 뻐꾹새 울음소리가 푸른 숲을 더욱 푸르게 하는 오월이 오면 떠난 것들 모두가 그리워지고 그 그리움을 따라 숲길을 걷는 화자가 마냥 적막하다는 「오월의 숲」, 감사를 실천하는 자리에 앵무 부부나 행운목까지도 '나를 응원해 주는' 가족 같은 내 아이들이라며 이들과 나누는 사랑이 더없이 행복하다는 「가족」, "꽃님아, 연두야"를 부르며 비가 내릴 것처럼 흐린 날씨에 이들과 나눈 대화까지도 해독할 수 있다는 김문자 시인의 시적 천진성이 언어적 감각으로 읽힌 「흐린 날의 명상」, 봄바람은 아직 '철없는 어린 것들이' "햇살 따스할 때 천천히 꽃 피우라고" 당부하는 마음을 담았다며 사물에의 염려와 관심을 자별하게 노래한 「봄바람」, 긴 외줄에 매달려 고층건물의 균열도 수리하고 건물 외벽도 다듬어내는 '고층건물 수리공'의 애환을 인간애에 비추어 노래한 「거미 인간」, 빈번하게 드나들던 공중전화박스가 이제는 시대의 물결에 밀려 기억조차 희미한 길고양이나 들락거리는 고철더미로 전락했다는 「공중전화」, 나이든 여자분이 폐지나 종이박스를 리어카에 가득 싣고 머리가 땅에 닿을 듯 힘겹게 끌고 가는 모습에서 삶의 무게와 삶의 무게를 이겨내려는 의지만큼 환해진 길의 관계를 노래한 「삶의 무게」, 인간의 문명이 자꾸만 커지면서 대자연의 공간은 비좁아지고 아파트를 가린다고 하여 전기톱으로 잘라낸 아름드리나무를 통해 새끼를 낳아 먹이를 물어다 줄 어미새 마저 실종되어 보이지 않는다는 「아파트를 들어 올리는 나무」, 임산부의 태중아이와 꽃 피어날 꽃망울에 비견하여 꽃샘추위를 아름답게 해석하고 세상을 새롭게 여는 출산에 춤이라도 추고 싶다는 「개화」, 일찍 타계한 남편과의 대화를 생전의 모습과 사후의 일을 현실 속의 만남처럼 그려낸 「꿈이여 다시 한 번」, 주간 요양원과 교회를 오가는 '구순 넘기신 순례 어르신'이 끓인 떡국으로부터 시작된 친밀한 이웃들을 기쁜 마음으로 감사하면서 그게 바로 천국이고 극락이라는 「가을꽃」 등등을 우리는 특별한 관심 속에 독서할 수 있었다.

친밀한 이웃과의 관심과 배려와 염려를 나누며 살아간다는 정신이나 실천이 김문자 시인의 문학의 한 축을 형성하고 있다는 사실이 더없이 소중하다. 예컨대 이들은 '꽃잎 같은 떡국'이라든지 '십년지기 전용미용사', '나를 응원하는 나무와 꽃 그리고 아이들', '가족은 그 자체로 크나큰 축복이고 위안', '늘 웃고 살라고 가르치는 생활', '꽃님이나 연두에게도 기분을 묻고', '햇살 따스할 때 천천히 꽃 피우라는 당부의 마음', '숫자처럼 길고양이 밥그릇 속의 밥알을 세어본다든지', '부서지는 파도를 바라보며 서로의 등을 토닥여주는 일' 등등 대충 뽑아본 표현만으로도 배려와 염려와 사랑의 마음이 이처럼 여러 곳에서 자별하게 읽히고 이들 생각들이 반사경처럼 되비쳐 나오는 것을 살필 수 있었다.

김문자 시인의 이들 작품에서 공통적으로 드러나는 문학적 특성은 기본적으로 "행복은 언제나 가까이에서 찾"는다는 것이었다. 그리고 '아이 셋'을 남기고 일찍 세상을 떠난 남편의 자리를 메우며 보란 듯이 장성시켰고 인생 후반기를 어찌 보낼까를 궁리하다가 문학의 길에 접어들어 나이 칠순을 넘겨 컴퓨터를 배웠고 좋아하는 글을 쓰게 되었다는 사실도 쉽게 읽히지 않는다.

"손가락만 까딱하면 모든 정보가 손안에 있다"면서 젊은이 못지않게 세월을 열심히 펼쳐내는 김문자 시인의 그간의 생애는 필자가 더러 인용하는 사뮤엘 울만의 시 「청춘」이 떠오르는 세월이다. "청춘은 인생의 어느 기간을 말하는 것이 아니고 마음의 상태를 말"한다면서 "세월은 우리들의 이마에 주름살을 만들지만 열정의 마음을 시들게 하지 못 한다"는 시구가 바로 그것이다.

여전히 바쁘고 여전히 짱짱한 청춘의 세월

그는 '디지털 시대'를 온몸으로 받아들이는 젊음을 새롭게 구사한다. 이에 곁들여 다양한 문화적 체험을 소유했고 자신과 함께 살고 있는 "나무와 새, 화분의 꽃…. 이런" 사물들과 자연이나 물, 흙에게도 두루 감사하면서 혼자서 감내한 오십삼 년의 세월이 오히려 자부심의 세월이 아니고 무엇인가. 그리고 여든둘의 나이에도 그는 자부심 넘치는 작품 창작과 작품을 위해 여전히 바쁘고 여전히 짱짱한 시간들을 보내고 있는 것이다. 나이는 숫자에 불과하다는 말을 실감나게 하는 김문자 시인에게 아직도 열정이 넘쳐나는 청춘의 세월을 응원하는 말씀으로 무잡한 말들을 접는다.

다시 꽃피울 준비

2024년 5월 25일 인쇄
2024년 5월 30일 발행

지은이 김문자

펴낸이 강경호 편집장 강나루 디자인 정찬애
펴낸곳 도서출판 시와사람
등록 1994년 6월 10일 제 05-01-0155호
주소 광주시 동구 양림로 119번길 21-1(학동)
전화 (062)224-5319 E-mail jcapoet@hanmail.net

ISBN 978-89-5665-725-7 03810

공급처 ■ 한국출판협동조합
경기도 파주시 탄현면 오금로 30
주문전화 (02)716- 5616, 070- 7119- 1740

· 잘못된 책은 구입하신 서점에서 바꾸어 드립니다.
· 이 책은 "한국예술인복지재단" 창작지원금 선정으로 제작되었습니다.

이 도서의 국립중앙도서관 출판예정도서목록(CIP)은
서지정보유통지원시스템 홈페이지(http://seoji.nl.go.kr)와
국가자료종합목록 구축시스템(http://kolis-net.nl.go.kr)에서
이용할 수 있습니다.